Professor Albert
und das Abenteuer der Relativitätstheorie

Text: Sheddad Kaid-Salah Ferrón
Illustrationen: Eduard Altarriba
Aus dem Spanischen übersetzt von Ebi Naumann

KNESEBECK

Titel der Originalausgabe: *Mi primer libro de relatividad*
Erschienen bei Editorial Juventud S.A., Barcelona
This edition published by agreement with Editorial Juventud, 2018.
www.editorialjuventud.es

Deutsche Erstausgabe
2. Auflage 2021

Projektleitung: Theresa Scholz, Knesebeck Verlag
Übersetzung: Ebi Naumann, Hamburg
Lektorat: Thomas Rath für bookwise GmbH, München
Umschlagadaption: Leonore Höfer, Knesebeck Verlag
Satz: bookwise GmbH, München
Herstellung: Arnold & Domnick, Leipzig
Druck: PNB Print SIA
Printed in Latvia

FSC www.fsc.org MIX Papier aus verantwortungsvollen Quellen FSC® C084698

ISBN 978-3-95728-386-3

www.knesebeck-verlag.de

INHALT

ALBERT EINSTEIN

EINLEITUNG

Albert Einsteins Relativitätstheorie ist die Theorie von Raum und Zeit. Instinktiv meinen wir alle zu wissen, was RAUM und ZEIT sind. Doch auch wenn es sich dabei auf den ersten Blick um ganz einfache Begriffe handelt, werden wir feststellen, was für faszinierende Dinge passieren, wenn wir uns ein wenig näher mit ihnen befassen.

Schon als Jugendlicher fragte sich Einstein, warum ihm etwas ständig im Kopf herumging, das die anderen so perfekt zu verstehen schienen. Und weil er sich so viele Gedanken darüber machte und die Idee von Raum und Zeit immer wieder hinterfragte, war er viele Jahre später in der Lage, seine Theorie der Raumzeit zu entwickeln, die SPEZIELLE RELATIVITÄTSTHEORIE. (Man nennt sie so, weil er einige Jahre später auch die ALLGEMEINE RELATIVITÄTSTHEORIE austüftelte, bei der neben Raum und Zeit noch andere Faktoren eine Rolle spielen, zum Beispiel die Schwerkraft.)

Um das Konzept der Raumzeit zu begreifen, müssen wir uns erst mal darum kümmern, was sich hinter jedem einzelnen dieser beiden Begriffe, Raum und Zeit, wirklich verbirgt. Das wird uns auch helfen zu verstehen, was Bewegung eigentlich ist und was es mit der Lichtgeschwindigkeit auf sich hat. Erst dann, wenn wir all diese Dinge verstehen, werden wir die Welt wie Einstein durch die Augen der RELATIVITÄTSTHEORIE betrachten können. Wir werden entdecken, dass sich Dinge, die sich nach Science-Fiction anhören, in unserem Universum wirklich abspielen.

Herzlich willkommen zu unserer unglaublichen Reise!

ZEIT

Am Morgen weckt man euch unsanft mit den Worten, der Wecker habe schon vor Urzeiten geläutet, und ihr müsst euch sputen und euer Frühstück hinunterschlingen, um nicht zu spät in die Schule zu kommen. Ihr hattet bis tief in die Nacht gelesen und jetzt tut es euch leid. Nur mit Mühe kriegt ihr eure Augen auf und werft einen Blick auf den Wecker. Tatsächlich – der Bus fährt in 20 Minuten und ihr seid diese Woche schon einmal zu spät gekommen.

Wir alle wissen, was Zeit ist. Wir erwähnen sie andauernd, um uns darüber zu verständigen, was wir wann zu tun haben. Wir organisieren unser gesamtes Leben um die verschiedenen Zeiteinheiten herum: Sekunden, Minuten, Stunden, Tage, Wochen, Monate, Jahre …

Aber wenn uns jemand fragt, was Zeit eigentlich ist, wird die Sache schon kniffliger. Die berühmtesten Denker haben sich die Zähne beim Versuch ausgebissen, sie zu verstehen. Und doch – für uns ist zunächst am wichtigsten, dass wir die Zeit messen können.

Also, wie messen wir die Zeit?

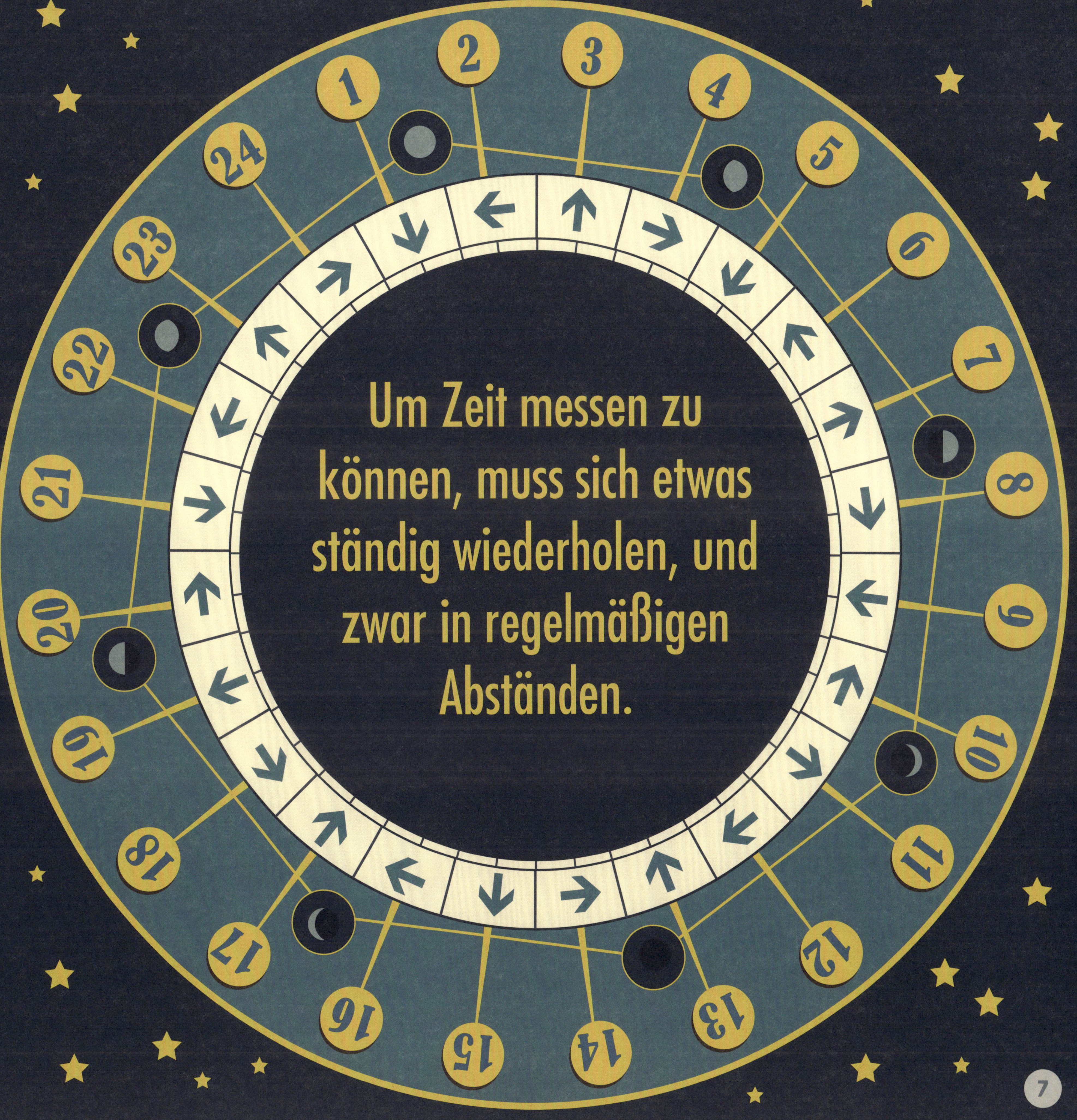

Um Zeit messen zu können, muss sich etwas ständig wiederholen, und zwar in regelmäßigen Abständen.

DIE ZEIT MESSEN

Tage und Nächte zu zählen, gehörte zu den ersten Methoden, die unsere Urahnen angewandt haben, um die Zeit zu messen. Ein TAG ist die Zeit, die zwischen zwei aufeinanderfolgenden Sonnenaufgängen verstreicht. Da die Sonne jeden Tag aufgeht (und das mit großer Regelmäßigkeit), eignet sie sich bestens zur Zeitmessung. Wir müssen uns bloß merken, wie oft die Sonne aufgegangen ist, und schon wissen wir, wie viele Tage vergangen sind.

Heutzutage wissen wir, dass die Erde sich dreht. Also entspricht ein Tag der Zeit, in der die Erde sich einmal um ihre Achse dreht.

Manche Kulturen messen die Zeit auch mithilfe der Mondphasen.

Schon sehr früh erkannten die Menschen, dass nicht bloß Tage sich regelmäßig wiederholen, sondern auch Erscheinungen wie die Mondphasen (einmal pro Monat) oder die Jahreszeiten.

KÜRZERE ZEITEINHEITEN ALS EIN TAG

- *Um kürzere Zeitspannen zu messen, gebrauchen wir STUNDEN, MINUTEN und SEKUNDEN.*

- Wenn wir die Zeitspanne eines Tages durch 24 teilen, erhalten wir eine **STUNDE**.

- Teilen wir die Stunde durch 60, ergibt das eine **MINUTE**.

- Wenn wir diese wiederum durch 60 teilen, haben wir eine **SEKUNDE**.

LÄNGERE ZEITEINHEITEN ALS EIN TAG

Die SEKUNDE ist die von Wissenschaftlern meistgenutzte Zeiteinheit.

- Um längere Zeiträume zu messen, greifen wir auf eine andere regelmäßige Bewegung zurück: die Umrundung der Sonne durch die Erde. Diese Zeitspanne nennen wir ein **JAHR**.

- Ein JAHR ist die Zeit, die die Erde braucht, um die Sonne zu umrunden: 365 Tage. Eigentlich braucht sie dazu ein bisschen länger, 365,24219 Tage, um ganz genau zu sein. Und weil das jedes Jahr einen Vierteltag mehr bedeutet, gibt es alle vier Jahre einen zusätzlichen Tag im Kalender (den 29. Februar). Deshalb hat ein **SCHALTJAHR** 366 Tage.

- Die Zeiteinheit JAHR wenden wir an, um mitzuteilen, dass wir zehn Jahre alt sind, die Cheops-Pyramide von Gizeh vor etwa 4600 Jahren erbaut wurde und das Alter unseres Universums ungefähr 14 Milliarden Jahre beträgt.

UHREN

Uhren sind technische Vorrichtungen, deren sich auf unterschiedliche Art wiederholende Zyklen es uns ermöglichen, die Zeit zu messen.

SONNENUHREN

Dies sind Uhren, die schon seit Urzeiten in Gebrauch sind. Sie nutzen den Schatten, den ein Stab auf eine markierte Fläche wirft, um den Stand der Sonne und damit die Tageszeit anzuzeigen. Weil sie nicht sehr genau sind, werden sie kaum noch verwendet.

SEEFAHRER HÄNGTEN DIE STUNDENGLÄSER AN BORD AUF, DAMIT DEREN POSITION SELBST BEI SCHWERER SEE IMMER AUFRECHT BLIEB.

STUNDENGLÄSER

Wenn wir ein Stundenglas (eine Sanduhr) jedes Mal umdrehen, nachdem das letzte Sandkorn durchgefallen ist, haben wir etwas, das sich regelmäßig wiederholt, und wir müssen bloß die Umdrehungen zählen, um rauszubekommen, wie viel Zeit vergangen ist. Heute kennt man Sanduhren nur noch als Eieruhr, aber lang galten sie als die beste Methode, die Zeit zu messen.

MECHANISCHE UHREN

Diese verfügen über einen Mechanismus, der die Zeiger bewegt. Manche werden durch Gewichte in Bewegung versetzt, andere durch eine Spiralfeder. Die ersten Uhrwerke waren nicht sehr exakt und mussten dauernd aufgezogen werden. Heutzutage gibt es genauere Uhren, auch solche, die elektrisch betrieben werden.

PENDELUHREN

Um 1600 stellte Galileo Galilei fest, dass die Hin- und her-Bewegungen eines Pendels (Oszillation) regelmäßig erfolgten und zur Zeitmessung genutzt werden konnten. Durch das Zählen der Pendelschwingungen können wir herausfinden, wie viel Zeit vergangen ist. Pendeluhren waren die ersten ziemlich genauen Uhren.

GALILEO GALILEI

DIGITAL-UHREN

Auch in den meisten heutigen Armbanduhren verbirgt sich so etwas wie ein kleines, hin und her schwingendes Pendel. In den digitalen Armbanduhren entspricht dem Pendel ein elektronischer Schwingkreis, dessen Oszillation die Zeitmessung ermöglicht.

ATOMUHREN

Atomuhren sind die genauesten Uhren, die es gibt. Sie werden zum Beispiel zur Zeitmessung in Satelliten, Laboratorien und Kommunikationssystemen eingesetzt. Sie nutzen die regelmäßigen Schwingungen von Atomen. Wenn wir diese zählen, so wie beim Pendel, können wir die Zeit messen. Die aktuellen Atomuhren sind so genau, dass sie in 15 Milliarden Jahren (das ist länger, als unser Universum besteht) bloß eine Sekunde abweichen.

Ähnlich wie bei der ZEIT, hat es auch die Definition von RAUM ganz schön in sich. Wir können ihn als den Ort beschreiben, wo Objekte aufeinandertreffen und Dinge passieren. Die Bühne, auf der sich die Wirklichkeit abspielt.

RAUM

Wie also messen wir den Raum?

Genau genommen messen wir die ENTFERNUNG, das heißt die Länge zwischen zwei Objekten. **Zum Messen von Entfernungen brauchen wir einen STARREN Gegenstand** einer gewissen Länge wie zum Beispiel einen STAB oder ZOLLSTOCK.

Um die Entfernung von einem Punkt zum anderen rauszukriegen, gucken wir, wie oft unser Zollstock zwischen die zwei Orte gelegt werden muss.

Indem wir zählen, wie oft wir unseren Stock hinlegen mussten, erhalten wir die Entfernung: zwei Stäbe, vier Stäbe, fünfeinhalb Stäbe usw.

Aber wie lang soll so ein ZOLLSTOCK sein?
Stellt euch vor, zwei Bauleiter bauen eine Brücke über einen Fluss. Laut Plan soll die Konstruktion fünf Zollstock hoch sein. Die Bauleiter beginnen an den gegenüberliegenden Ufern zu bauen und benutzen dabei jeweils ihren eigenen Zollstock, der sich von dem des anderen unterscheidet.

Was könnte schiefgehen?

Um solche Pannen zu vermeiden, brauchen wir ein

ALLGEMEINGÜLTIGES MASSSYSTEM.

Also entschloss man sich, einen Stab einer bestimmten Länge herzustellen, und nannte ihn METER. Seitdem heißen Zollstöcke auch Meterstab, weil sie sich überall an der Länge von einem Meter orientieren.
Das hatte zur Folge, dass seither weder Bauleiter noch sonst wer das Problem hatte, sich über das rechte Maß einigen zu müssen.

Der Meter (metrisches System) ist die von Wissenschaftlern meistgebrauchte Längeneinheit.

Trotz dieser Übereinkunft benutzt man in einigen Ländern auch andere Maßeinheiten wie das angloamerikanische Imperial System, das auf Zoll, Fuß, Yards und Meilen basiert.

GROSSE MOMENTE DER MENSCHHEIT

KLEINE PANNEN IM RAUM

1999 ging die NASA-Sonde MCO zum Mars verloren. Die Hersteller waren davon ausgegangen, dass die Sonde das IMPERIAL SYSTEM nutzt, die Fluganweisungen erfolgten dann aber im METRISCHEN SYSTEM. So geriet die Sonde zu nah an den Mars und verglühte.

Die Länge von einem METER wurde 1799 eingeführt, als eine Gruppe französischer Wissenschaftler dem Staat einen Platinbarren als Modell einer Maßeinheit darboten.

Um festzulegen, wie lang dieser „Urmeter" sein sollte, musste die Länge der Meridianlinie zwischen Dünkirchen und Barcelona gemessen werden. Obwohl Frankreich und Spanien sich damals bekriegten, galt diese Aufgabe als so wichtig, dass den französischen Wissenschaftlern die Reise nach Barcelona erlaubt wurde, um die Messungen durchführen zu können.

Nachdem wir nun wissen, wie man die Zeit und den Raum misst, können wir auch rausbekommen, wie schnell sich ein Objekt bewegt. Mit anderen Worten, seine

GESCHWINDIGKEIT

Die Geschwindigkeit eines Objekts ist die Strecke, die dieses Objekt zurücklegt, geteilt durch die Zeit, die es dafür braucht.

Stellt euch vor, ihr braucht 2 Sekunden, um eine Strecke von 4 Metern zurückzulegen. Eure Geschwindigkeit wäre also 4 Meter in 2 Sekunden oder 2 Meter pro Sekunde, entsprechend der Formel:

$$v = 2 \text{ m/s}$$

V kommt vom lateinischen Wort für Geschwindigkeit, *velocitas*. Immer wenn wir die Geschwindigkeit rauskriegen wollen, müssen wir also die zurückgelegte Strecke durch die dafür benötigte Zeit teilen:

$$\text{Geschwindigkeit} = \frac{\text{Entfernung}}{\text{Zeit}}$$

Den Tacho in einem Auto habt ihr bestimmt schon mal gesehen. Das ist ein Instrument, um zu sehen, wie viele Kilometer pro Stunde das Auto fährt.

Mit 100 Sachen!

Fährt ein Auto 100 Kilometer pro Stunde (100 km/h), heißt das, es braucht genau 1 Stunde, um die 100 Kilometer zwischen A-HEIM und B-BURG zurückzulegen.

Und wenn es mit derselben Geschwindigkeit weiterfährt, wird es in zwei Stunden die 200 Kilometer von A-HEIM nach C-HAUSEN hinter sich gebracht haben.

BEWEGUNG

Geschwindigkeit hat ein Objekt nur, solange es sich BEWEGT. Steht es, ist die Geschwindigkeit = 0 und das Objekt befindet sich im Zustand der RUHE.

Jetzt machen wir ein kleines Gedankenexperiment. Stellt euch einen Zug vor, der mit einer gleichbleibenden Geschwindigkeit von 30 km/h durch einen Bahnhof fährt.

Alice sitzt im Zug und liest ein Buch. Für sie befindet sich das Buch im Zustand der Ruhe. Genauso wie alles, was sich sonst noch im Zug befindet (z. B. Leute, Sitze und Lampen).

Wenn Prof. Albert denselben Zug vom Bahnsteig aus betrachtet, stellt sich die Situation für ihn ganz anders dar. Er sieht den Zug und alles, was sich darin befindet, mit 30 km/h an sich vorbeifahren und nichts befindet sich im Ruhezustand, weder die Fahrgäste noch die Sitze oder Alice oder ihr Buch.

Einstein verbrachte viel Zeit mit Gedankenexperimenten. Sie machten ihm einfach Spaß!

Was sich für Alice im Ruhezustand befindet, ist für Prof. Albert in Bewegung.

Bewegung wird immer in Bezug auf etwas gemessen. Das nennen wir BEZUGSSYSTEM.

BEZUGSSYSTEME

Bezugssysteme werden gebraucht, um Positionen, Entfernungen und Geschwindigkeiten zu messen.

WAS DIE GESCHWINDIGKEIT DES BUCHES IN UNSEREM ZUG BETRIFFT, GIBT ES ZWEI BEZUGSSYSTEME.

FÜR ALICE DIENT DAS INNERE DES WAGGONS ALS BEZUGSSYSTEM. FÜR SIE BEFINDET SICH ALLES IM ZUG IM ZUSTAND DER RUHE (V = 0 KM/H).

FÜR PROF. ALBERT DIENT DER BAHNSTEIG ALS BEZUGSSYSTEM. FÜR IHN BEWEGT SICH DAS BUCH UND ALLES, WAS SICH IM ZUG BEFINDET, MIT EINER KONSTANTEN GESCHWINDIGKEIT VON 30 KM/H (V= 30 KM/H).

DIE VON ALICE UND PROF. ALBERT GEMESSENEN GESCHWINDIGKEITEN SIND UNTERSCHIEDLICH.

Deshalb sprechen wir davon, dass eine **BEWEGUNG RELATIV** ist und vom **BETRACHTER** oder dem **BEZUGSSYSTEM** abhängt.

Als **Inertialsystem** bezeichnet man ein Bezugssystem, in dem die Geschwindigkeit kräftefreier Objekte **konstant** ist.

Stellt euch vor, jemand wäre in seinem Raumanzug im Weltall verloren gegangen. Um ihn herum ist nichts. Er sieht weder Sterne noch sein Raumschiff noch die Erde. Wie soll er seine Position bestimmen, wenn nichts zu sehen ist? Woran kann er feststellen, ob er sich bewegt oder nicht? Und falls er sich bewegen sollte, wie schnell er ist?

Zum Glück ist er doch nicht verloren. Es stellt sich heraus, dass bloß sein Helmvisier beschlagen war und ihm die Sicht genommen hat. Nun kann er die Sterne erkennen, die Raumstation und die Erde. Indem er diese Objekte sieht, erhält er ein Bezugssystem, kann seine Position bestimmen und berechnet, dass er die Erde mit einer Geschwindigkeit von circa 30.000 km/h umrundet.

GESCHWINDIGKEITEN ADDIEREN

Jetzt, da wir wissen, was BEZUGSSYSTEME sind, stellen wir uns vor, dass Alice immer noch mit dem Zug fährt und anfängt, mit ihrem ferngesteuerten Auto zu spielen. Zuerst bewegt es sich in Fahrtrichtung des Zuges.

Mit welcher Geschwindigkeit fährt das Auto?

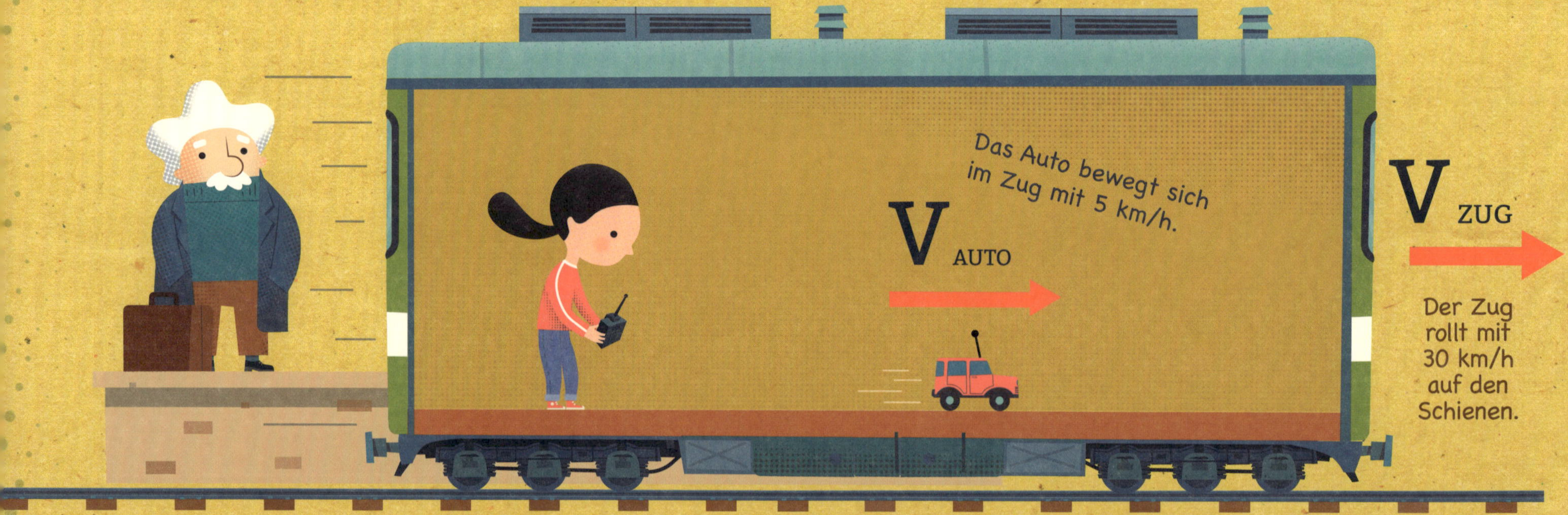

Für Alice fährt das Auto mit einer bestimmten Geschwindigkeit.

V_{AUTO}

5 km/h

Für Prof. Albert beträgt die Geschwindigkeit die des Zuges plus die des Autos.

$V_{ZUG} + V_{AUTO}$

30 km/h + 5 km/h = 35 km/h

FÜR ALICE IST DIE GESCHWINDIGKEIT DES AUTOS EINE ANDERE ALS DIE, DIE PROF. ALBERT SIEHT.

Aber würde das Auto entgegen der Fahrtrichtung des Zuges fahren, wäre seine Geschwindigkeit aus der Sicht von Prof. Albert die Geschwindigkeit des Zuges minus die des Autos.

$V_{ZUG} - V_{AUTO}$

30 km/h - 5 km/h = 25 km/h

Für Alice ist das Bezugssystem der Zug, aber für Prof. Albert, der das Ganze von außen betrachtet, ist das Bezugssystem der Bahnsteig.

Das Gleiche passiert bei jeder zusammengesetzten Bewegung:

Eine Schnecke auf einer Schildkröte

$V_{\text{SCHNECKE}} + V_{\text{SCHILDKRÖTE}}$

Ein Radler auf einem Flugzeug

$V_{\text{FLUGZEUG}} + V_{\text{RADLER}}$

Ein aus einem Auto geschossener Pfeil

$V_{\text{AUTO}} + V_{\text{PFEIL}}$

Es war Galileo Galilei, dem vor etwa 400 Jahren klar wurde, dass sich Bewegung relativ zu einem Bezugssystem abspielt und dass wir die unterschiedlichen Geschwindigkeiten so addieren müssen, wie wir es gerade gemacht haben, um die Geschwindigkeit eines Objekts zu errechnen.

Die Lichtgeschwindigkeit

Eines der fundamentalen Gesetze des Universums lautet: Licht bewegt sich mit der konstanten Geschwindigkeit von

299.792 Kilometern in der Sekunde.

Und NICHTS kann schneller sein als das Licht.

LICHTJAHRE

Das Universum, wie wir es begreifen, ist so groß, dass wir die Entfernungen in einer Zeiteinheit messen, die wir LICHTJAHR nennen.

Ein Lichtjahr ist die Entfernung, die das Licht in einem (Erden-)Jahr zurücklegt, und das mit 299.792 Kilometern in der Sekunde. Stellt euch bloß mal vor, wie unglaublich weit das ist!

Die uns – nach der Sonne (8 Lichtminuten) – nächstgelegenen Sterne sind schon mehr als vier und die weitesten sogar Milliarden Lichtjahre entfernt.

Licht bewegt sich so schnell, dass es hier auf unserer Erde unmittelbar erscheint. Aber in kosmischen Weiten ist das etwas ganz anderes.

So braucht das Sonnenlicht zum Beispiel rund 8 Minuten, um die circa 150 Millionen Kilometer von der Sonne bis zur Erde zurückzulegen.

Das bedeutet, dass bei unserem Blick zur Sonne wir diese immer so sehen, wie sie 8 Minuten zuvor gewesen ist.

Sollte sie eines Tages explodieren, werden wir es erst 8 Minuten später sehen.

Wir sehen immer die Vergangenheit!

So schnell das LICHT sich auch bewegt, etwas Zeit, um von einem Ort zum anderen zu gelangen, braucht es doch und wir sehen die Dinge erst, wenn ihr Licht uns erreicht.

Wenn Außerirdische uns heute von einem 4.500 Lichtjahre entfernten Planeten beobachten würden – was würden sie sehen?

Sie würden die Erde nicht so sehen, wie sie gerade ist, sondern so, wie sie vor 4.500 JAHREN gewesen ist. Das heißt, sie wären in der Lage zuzuschauen, wie die alten Ägypter gerade die Pyramiden bauten.

Dasselbe gilt für uns. Immer wenn wir einen Stern oder eine Galaxie beobachten, sehen wir, wie er oder sie einst gewesen ist.

Alle Sterne, die wir am Himmel sehen können, sind viele Lichtjahre von der Erde entfernt. Etliche von ihnen sind wahrscheinlich schon vor langer Zeit erloschen, aber das Licht, das von ihnen ausging, ist immer noch auf dem Weg zu uns.

Okay – aber wenn sich nichts schneller als Licht bewegt, was passiert, wenn wir einen Scheinwerfer auf einen Zug montieren?

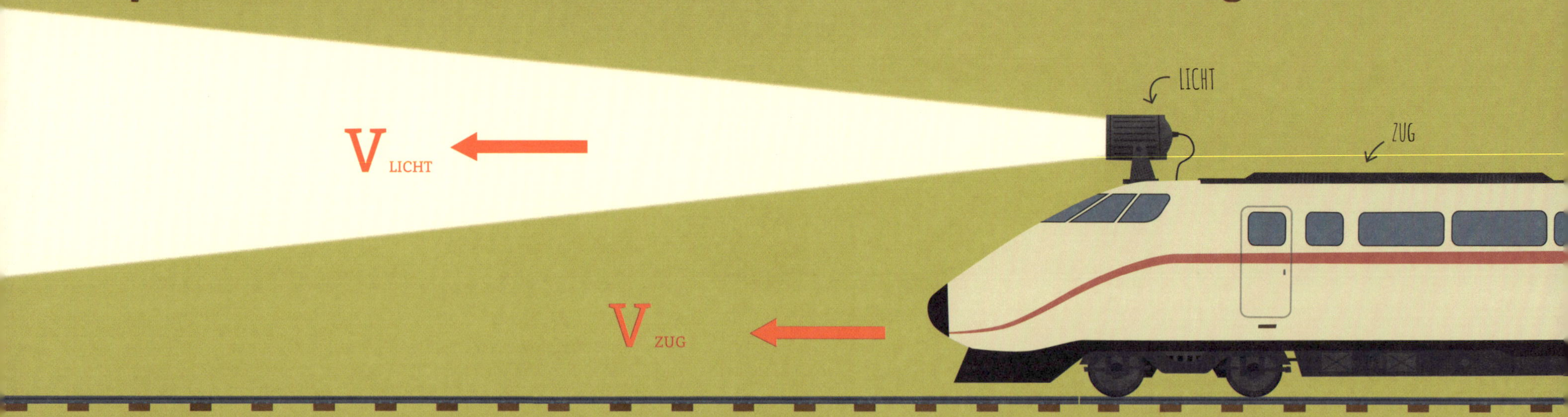

Mit welcher Geschwindigkeit bewegt sich das Licht jetzt?

Laut Galilei müssten wir die Geschwindigkeit des Zuges und die des Lichtes addieren.

$$V_{LICHT} + V_{ZUG} = V_{LICHT}$$

Da Licht jedoch immer gleich schnell und nichts schneller ist, **kann man zur Lichtgeschwindigkeit nichts hinzuzählen (und nichts von ihr abziehen).**

Egal ob wir unseren Scheinwerfer auf eine Schnecke, ein Rennauto oder eine Rakete montieren – das Licht bewegt sich immer mit 299.792 Kilometern pro Sekunde.

$V_{AUTO} + V_{LICHT} = 299.792$ KM/S

$V_{SCHNECKE} + V_{LICHT} = 299.792$ KM/S

$V_{RAKETE} + V_{LICHT} = 299.792$ KM/S

Die Physiker fragten sich, warum das Licht sich immer mit derselben Geschwindigkeit ausbreitet, unabhängig davon, wie und wo wir es messen. Bis Albert Einstein 1905 einfach seine berühmte Theorie darauf aufbaute >>

Allein auf Grundlage dieser beiden Ideen, dass ① die Lichtgeschwindigkeit konstant ist, egal wie und von wo aus man sie misst, und ② die Naturgesetze in Inertialsystemen für alle dieselbe Gestalt haben, entwickelte Einstein seine berühmte Theorie:

Die (Spezielle) RELATIVITÄTSTHEORIE

Diese Theorie hat drei unglaubliche Konsequenzen:

1. Zeit dehnt sich
2. Länge verkürzt sich
3. Masse nimmt zu

Einstein verdanken wir zwei berühmte Theorien: die SPEZIELLE RELATIVITÄTSTHEORIE, die wir in diesem Buch betrachten, und die ALLGEMEINE RELATIVITÄTSTHEORIE, in der es um die Schwerkraft geht.

ZEIT IST NICHT SO, WIE ES SCHEINT.

Eine der erstaunlichsten Folgen der Tatsache, dass Licht sich immer gleich schnell bewegt: Zeit ist nicht so, wie wir sie in unserem Alltag erleben.

DIE ZEIT DEHNT SICH, JE NACHDEM WIE SCHNELL WIR UNS BEWEGEN: JE SCHNELLER WIR SIND, DESTO LANGSAMER VERSTREICHT SIE, VERGLICHEN MIT JEMANDEM, DER SICH NICHT BEWEGT.

ZEIT IST EINE GANZ PERSÖNLICHE ERFAHRUNG. JEDER HAT SEINE EIGENE ZEIT.

SELBST WENN WIR SITZEN UND EIN BUCH LESEN, BEWEGEN WIR UNS SO SCHNELL WIE UNSER PLANET.

Die Zeit ist nicht absolut.

Wir waren lange Zeit der Meinung, die Zeit sei überall im Universum gleich. Mit anderen Worten: Ein bestimmter Moment würde auf der Erde genauso schnell verstreichen wie auf dem Mond, dem Jupiter, auf Proxima Centauri und in den Weiten des Universums. Diese Zeitvorstellung teilten alle großen Physiker von Galilei bis Newton. Sie waren sich sicher: Die ZEIT IST ABSOLUT.

Einstein war der Erste, der daran zweifelte und herausfand, dass die ZEIT nicht ABSOLUT ist, sondern davon abhängt, welches Bezugssystem wir bei ihrer Messung zugrunde legen. Anders gesagt: ZEIT IST RELATIV.

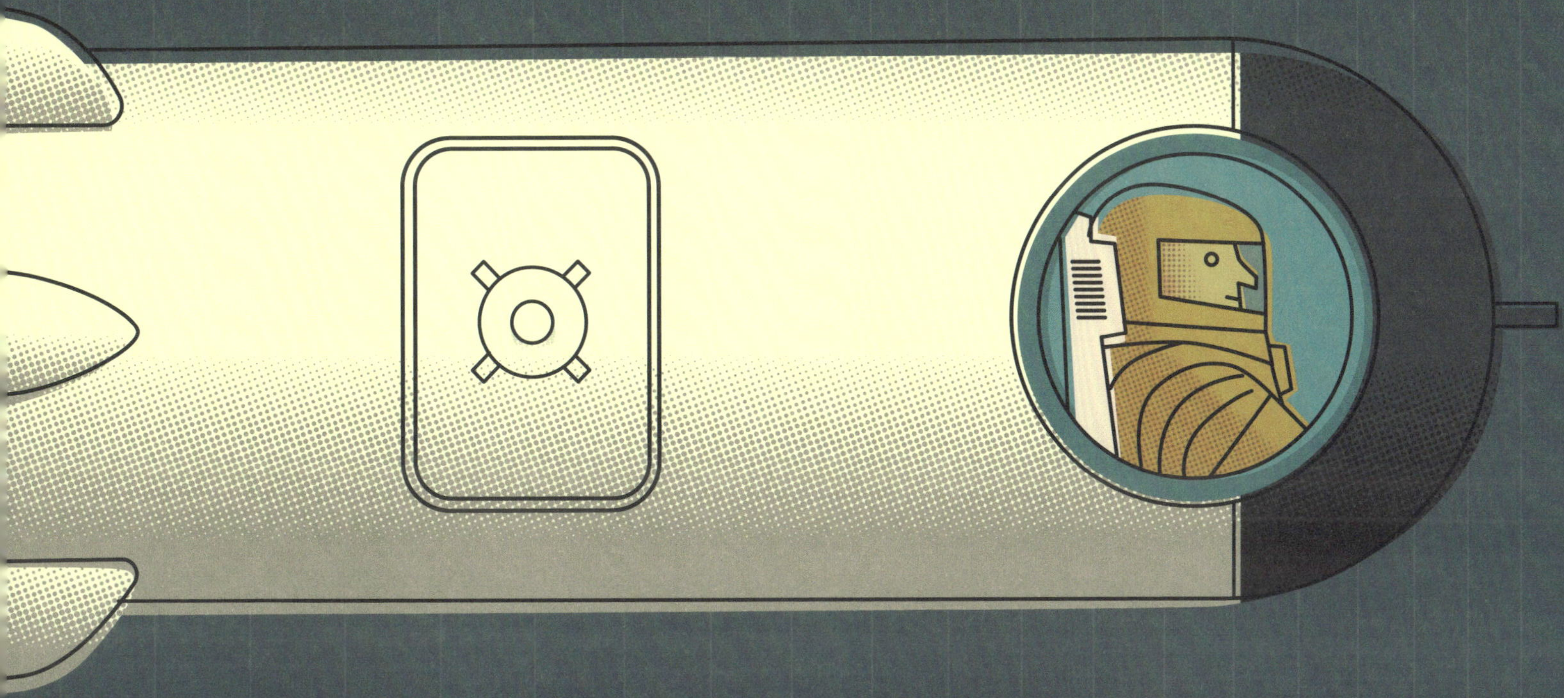

Die Geschwindigkeit, mit der wir mit den heutigen Verkehrsmitteln reisen, ist zu gering, um die Zeitdehnung wahrzunehmen.

Doch je mehr wir uns der Lichtgeschwindigkeit annähern, desto langsamer verstreicht die Zeit.

Zeit dehnt sich.

Eine der faszinierendsten Folgen dieser Vorstellung ist, dass **Zeit weniger schnell verstreicht, wenn wir uns bewegen, als wenn wir still stehen.**

Wenn Alice mit dem Zug fährt und sich im Verhältnis zu Prof. Albert bewegt, vergeht die Zeit für sie langsamer als für ihn. Anders gesagt: Alices Armbanduhr geht langsamer als die von Prof. Albert, obwohl der Zeitunterschied so minimal ist, dass wir ihn nicht bemerken.

Das nennen wir: Die Zeit DEHNT sich.

Um diese Tatsache besser zu verstehen, werden wir ein paar Gedankenexperimente machen, mit deren Hilfe wir klar erkennen können, dass Zeit nicht für jeden dasselbe ist.

Je schneller Alice fährt, desto mehr dehnt sich die Zeit und desto langsamer geht ihre Uhr
(für jeden, der sie vorbeifahren sieht).

1 – MIT MURMELN SCHIESSEN

Wir machen ein Gedankenexperiment:

Unten seht ihr einen Apparat, der Murmeln in entgegengesetzter Richtung auf zwei Detektoren feuern kann, die über **synchronisierte Uhren** verfügen – Uhren, die die gleiche Zeit anzeigen. Sobald eine Murmel auf den **Detektor** trifft, wird die Zeit gestoppt, die sie vom Apparat bis zum Detektor gebraucht hat.

Alice und ihr Apparat befinden sich in einem langsam dahin rollenden Eisenbahnwaggon und Prof. Albert beobachtet sie vom Bahnsteig aus.

Alice stellt den Apparat im Waggon zwischen die Detektoren, während Prof. Albert ein Tablet in der Hand hält, das ihm die Zeiten anzeigt, die Alices Murmeln jeweils brauchen.

Welche Murmel wird ihren Detektor als erste erreichen?

A DER ZUG IM RUHEZUSTAND

- Wir feuern die Murmeln ab. Die Uhren stehen auf null.
- Die beiden Murmeln fliegen gleich schnell und befinden sich immer im gleichen Abstand zum Detektor.
- Sowohl Alice als auch der Professor sehen die Murmeln zur selben Zeit auf die Detektoren treffen. Die Uhren zeigen dieselbe Zeit an.

B DER ZUG IN BEWEGUNG

- Wir feuern die Murmeln ab. Die Uhren stehen auf null.
- Für Alice bewegen sich beide Murmeln gleich schnell.
- Für Prof. Albert bewegen sich die beiden Murmeln NICHT gleich schnell. Diejenige, die in dieselbe Richtung fliegt wie der Zug, bewegt sich schneller ($V_{Murmel} + V_{Zug}$), diejenige, die in die entgegengesetzte Richtung fliegt, langsamer ($V_{Murmel} - V_{Zug}$).
- Sowohl Alice als auch der Professor sehen die Murmeln zur selben Zeit auf die Detektoren treffen. Die Uhren zeigen dieselbe Zeit an.

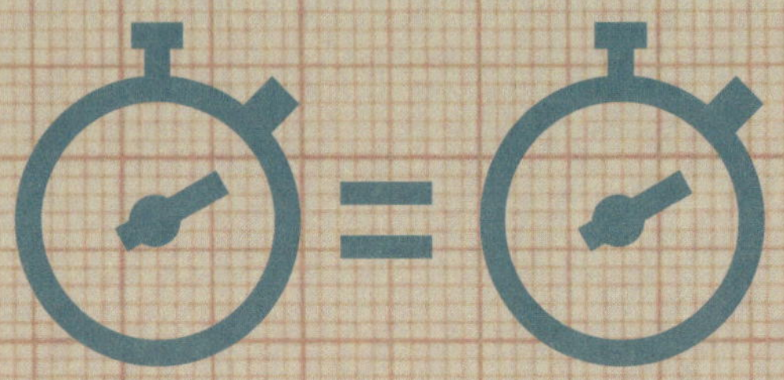

Die Uhren zeigen dieselbe Zeit an.

In beiden Experimenten treffen die Murmeln gleichzeitig auf die Detektoren (zum selben Zeitpunkt) und sowohl Alices Uhr als auch die des Professors zeigen dieselbe Zeit an. So weit, so gut. Die Zeit ist für alle gleich und alles scheint ganz normal zu sein.

ZEITDILATATION

2 – MIT PHOTONEN (LICHT) SCHIESSEN

Jetzt wiederholen wir das Ganze, nur dass wir statt Murmeln Photonen (oder Lichtpulse) in beide Richtungen abfeuern.

Wie wir in dem Buch *Professor Albert und das Geheimnis der Quantenphysik* gesehen haben, sind PHOTONEN Lichtteilchen, die sich immer in Lichtgeschwindigkeit bewegen, egal von wo aus wir sie betrachten. Mit Photonen spielen sich die Dinge ANDERS ab als mit Murmeln. Prof. Albert kann die Geschwindigkeit der Photonen weder zu der des Zuges hinzuzählen noch von ihr abziehen.

DIE LICHTGESCHWINDIGKEIT IST KONSTANT UND HÄNGT NICHT VOM BEZUGSSYSTEM AB.

A DER ZUG IM RUHEZUSTAND

- Wir feuern zwei Photonen ab. Die Uhren stehen auf null.
- Die Photonen fliegen gleich schnell und befinden sich immer im gleichen Abstand zum Detektor.
- Sowohl Alice als auch der Professor sehen die Photonen zur selben Zeit auf die Detektoren treffen. Beide Uhren zeigen dieselbe Zeit an.

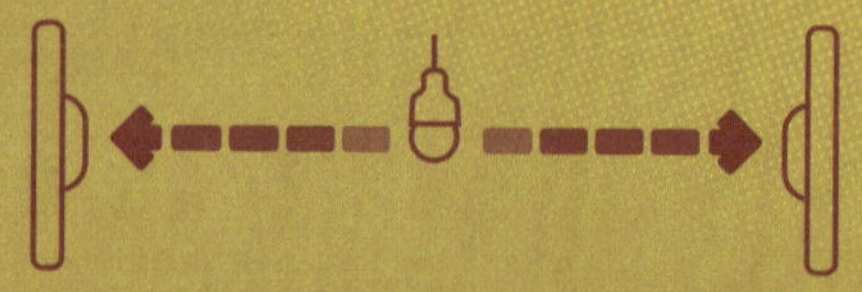

B DER ZUG IN BEWEGUNG

- Wir feuern die Photonen ab. Die Uhren stehen auf null.
- Für Alice bewegen sich beide Photonen gleich schnell und sie treffen gleichzeitig auf die Detektoren.
- Auch für Prof. Albert bewegen sich die Photonen GLEICH SCHNELL, aber er sieht das Photon, welches in die entgegengesetzte Richtung des Zuges fliegt, eher auf den Detektor treffen als das Photon, das in dieselbe Richtung fliegt wie der Zug.

Die Uhren zeigen NICHT dieselbe Zeit an.

HIER WIRD'S SELTSAM: Für Alice kommen die Photonen gleichzeitig an. Für Prof. Albert kommt das vordere später an als das hintere. Wie ist es möglich, dass derselbe Vorgang unterschiedlich gesehen werden kann? **Wo es doch eindeutig dieselben Photonen sind!** Außerdem zeigt ein Blick auf die Uhren, dass diese nicht mehr synchron laufen: Alices Uhr ist minimal langsamer als die von Prof. Albert.

WER HAT RECHT? Beide! Wie wir bereits festgestellt haben, **ist die Zeit RELATIV** und verstreicht für einen Betrachter im Ruhezustand anders als für einen, der sich bewegt. Je schneller Alice sich bewegt, desto langsamer läuft für Prof. Albert ihre Uhr.

Um die Zeitdilatation (Verzögerung) besser zu verstehen, wollen wir ein kleines Experiment mit einer Uhr durchführen. Aber statt eine normale Uhr mit Zahnrädern und Zeigern zu benutzen, nehmen wir eine, die nicht nur einfacher, sondern sogar noch genauer ist:

EINE LICHTUHR

Um eine Lichtuhr herzustellen, stellen wir zwei Spiegel in einer gewissen Entfernung (zum Beispiel 1 Meter) voneinander auf und lassen ein Photon (Licht) zwischen ihnen hin und her springen.

Jedes Mal, wenn das Photon vom Spiegel reflektiert wird, zählen wir einen TICK. Das vollzieht sich regelmäßig, sodass wir es zum Zeitnehmen benutzen können. Wir müssen bloß die Anzahl der TICKS zählen, das heißt, wie oft das Photon von einem der Spiegel reflektiert wird.

Wie wir wissen, sind die Spiegel 1 Meter voneinander entfernt, sodass das Photon zum Beispiel alle 10 TICKS 10 METER zurücklegt.

Nun gestalten wir das Ganze ein wenig komplizierter. Prof. Albert bleibt mit einer Lichtuhr am Boden, während Alice sich mit einer anderen an Bord eines Düsenjets begibt.

Die Lichtgeschwindigkeit ist für beide Uhren dieselbe. Für Alice im Flugzeug befinden sich die beiden Spiegel im Ruhezustand und das Photon legt zwischen den Spiegeln nach jedem TICK jeweils genau 1 Meter zurück.

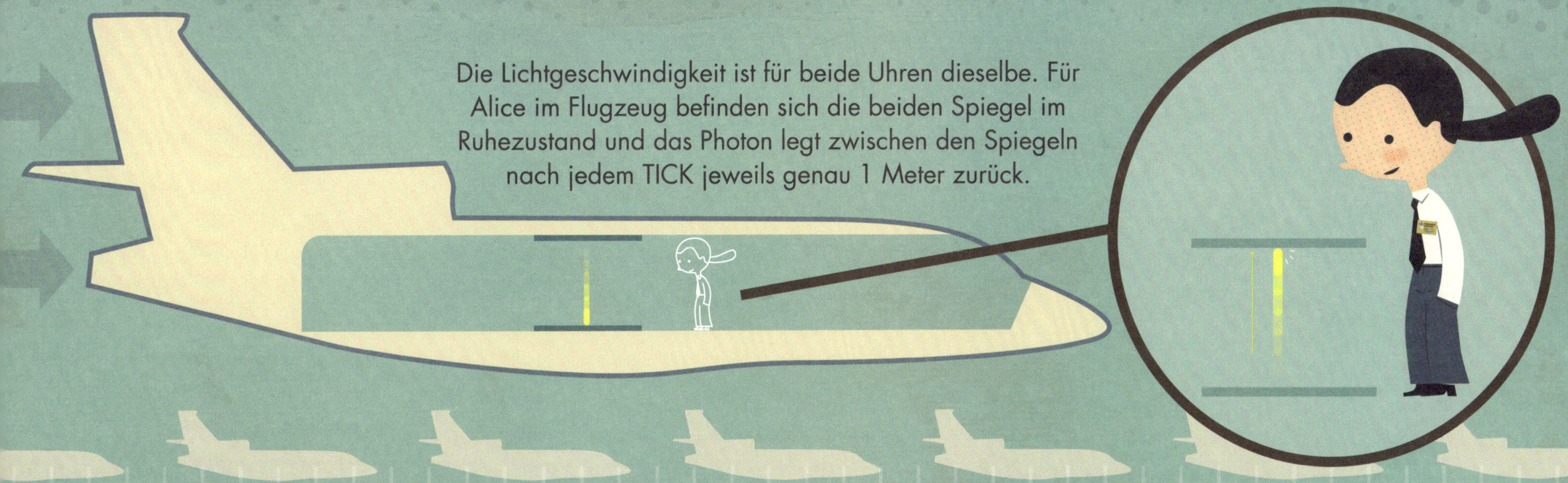

Für Prof. Albert, der am Boden steht, befindet sich seine Uhr auch im Ruhezustand und das Photon legt nach jedem TICK 1 Meter zurück.

Wenn Prof. Albert jedoch Alices Uhr im Flugzeug betrachtet, sieht er, dass die Spiegel sich BEWEGEN und dass das Photon dort mehr als 1 Meter zurücklegen muss. Da die Geschwindigkeit des Photons jedoch immer gleich ist, braucht es aus seiner Sicht länger, um von einem Spiegel zum anderen zu gelangen. Deshalb geht für den Professor die Uhr von Alice scheinbar langsamer als seine eigene – die Zeit für Alice und Prof. Albert scheint unterschiedlich zu verlaufen. Anders gesagt: DIE ZEIT VON ALICE HAT SICH AUS DER SICHT DES PROFESSORS VERLANGSAMT.

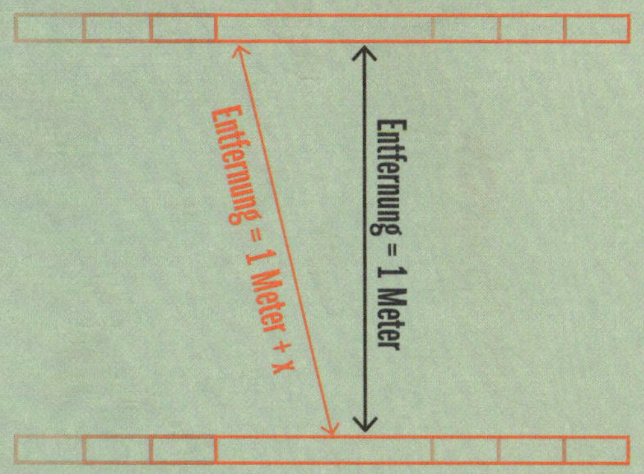

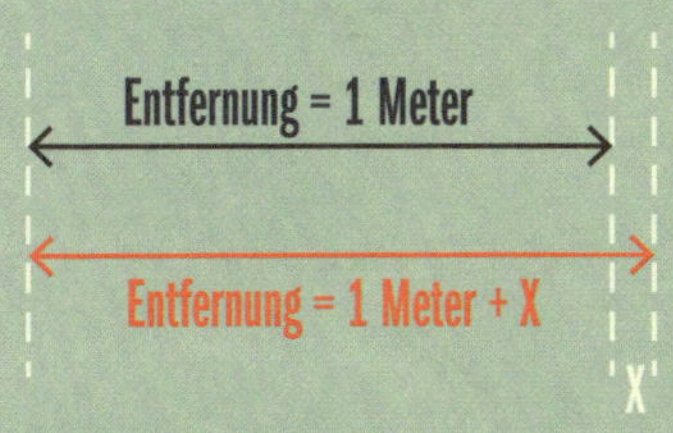

Die beiden Entfernungen sind unterschiedlich und dennoch legt das Photon sie in einem TICK zurück.

Seltsam, oder? Was also würde zwei gleichaltrigen Freunden passieren, wenn einer von ihnen mit annähernder Lichtgeschwindigkeit zu einem anderen Stern fliegen würde? Schauen wir mal >>

REISE IN DIE ZUKUNFT

Wir wissen nun, dass ZEIT RELATIV IST. Für einen Beobachter scheint die Zeit eines sich bewegenden anderen langsamer zu verstreichen als seine eigene.

Diese Tatsache lässt sich mithilfe von zwei genau gleichen Atomuhren überprüfen: Eine lassen wir am Boden und die andere packen wir in ein Überschallflugzeug, das einmal um die Erde fliegt. Nach der Landung werden wir feststellen, dass die Uhr im Flugzeug im Verhältnis zu der am Boden gebliebenen ein paar Tausendstelsekunden nachgeht.

Je schneller das Flugzeug, desto langsamer verstreicht die Zeit.

Da sich nichts schneller bewegen kann als Licht: Was würde passieren, wenn sich jemand mit annähernder Lichtgeschwindigkeit auf eine wirklich lange, lange Reise begeben würde?

Schauen wir mal >>>

Alice macht sich auf die Reise zu dem unserer Sonne nächstgelegenen Stern, Proxima Centauri, der 4,24 Lichtjahre von uns entfernt ist. Sie verabschiedet sich von ihrem Freund Bob, der zehn Jahre alt ist, so wie sie, und hier auf der Erde auf sie warten wird.

Bob beobachtet sie die ganze Zeit von der Erd aus, obwohl das Raumschiff 8,5 Jahre für den Hin- und Rückflug zu Proxima Centauri benöt und er sie aufgrund der Entfernung sowieso n verzögert beobachten könnte.

Als Alice aus dem Raumschiff steigt, erkennt sie Bob zunächst gar nicht wieder. Er ist mittlerweile schon ein junger Mann von fast 19 Jahren und sie ist immer noch ein 10-jähriges Mädchen.

Weil sie in ihrem Raumschiff so schnell unterwegs war, hat sich die Zeit für Alice so VERLANGSAMT, dass für sie kaum Zeit verstrichen ist. Die Zeit auf der Erde ist währenddessen so vergangen wie immer. Was für Alice ein paar Wochen gedauert hat, waren für Bob 8,5 Jahre.

In einem Raumschiff mit annähernder Lichtgeschwindigkeit würde es etwa 4,24 Lichtjahre dauern, um Proxima Centauri zu erreichen, und noch einmal so lange, um wieder zurückzukommen.

ALICES RAUMSCHIFF

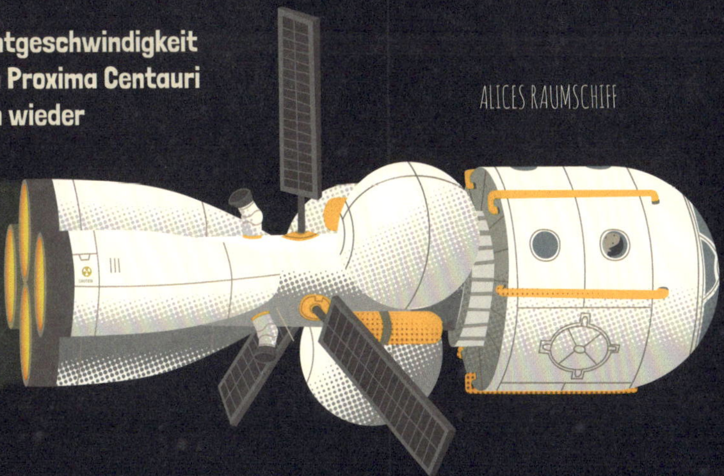

Aber weil sie so schnell fliegt, verstreicht die **ZEIT** für Alice sehr viel langsamer als auf der Erde. Dort dauert die Hinreise mehr als 4 Jahre, während für Alice im Raumschiff bloß ein paar Wochen vergehen.

PROXIMA CENTAURI IST TEIL DES ALPHA-CENTAURI-SYSTEMS UND DER DER SONNE NÄCHSTGELEGENE STERN.

Kaum hat Alice den Stern erreicht, dreht sie um und kehrt zur Erde zurück.

STERNE WIE PROXIMA CENTAURI NENNT MAN „ROTE RIESEN“.

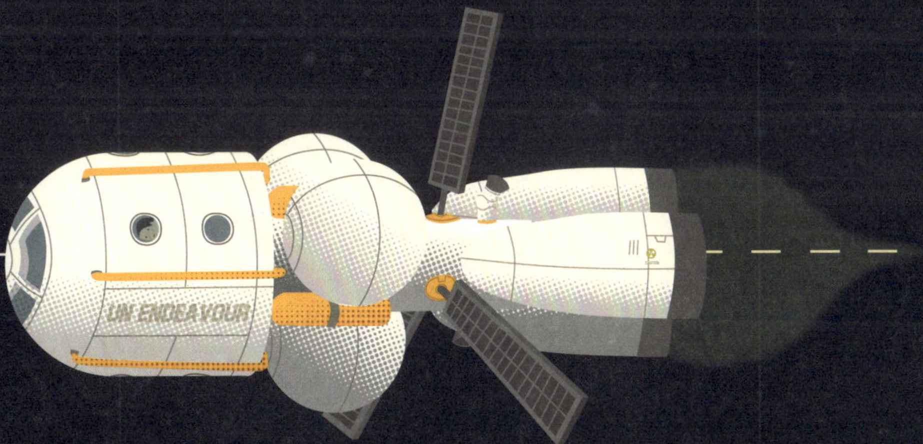

Die **ZEIT** im Raumschiff verstreicht bei der Heimreise nicht schneller als beim Hinflug, das heißt, für Alice verstreichen wieder bloß ein paar Wochen, bis sie die Erde erreicht. Aber für Bob dauert es von Neuem 4,24 Jahre, bis das Raumschiff seine Reise beendet.

MIT SO HOHER GESCHWINDIGKEIT ZU REISEN, WÄRE EINE MÖGLICHKEIT, IN DIE ZUKUNFT ZU REISEN.

LÄNGENKONTRAKTION

Eine weitere faszinierende Folge der RELATIVITÄTSTHEORIE ist die Tatsache, dass ein Objekt in unseren Augen immer mehr schrumpft, je mehr es beschleunigt.

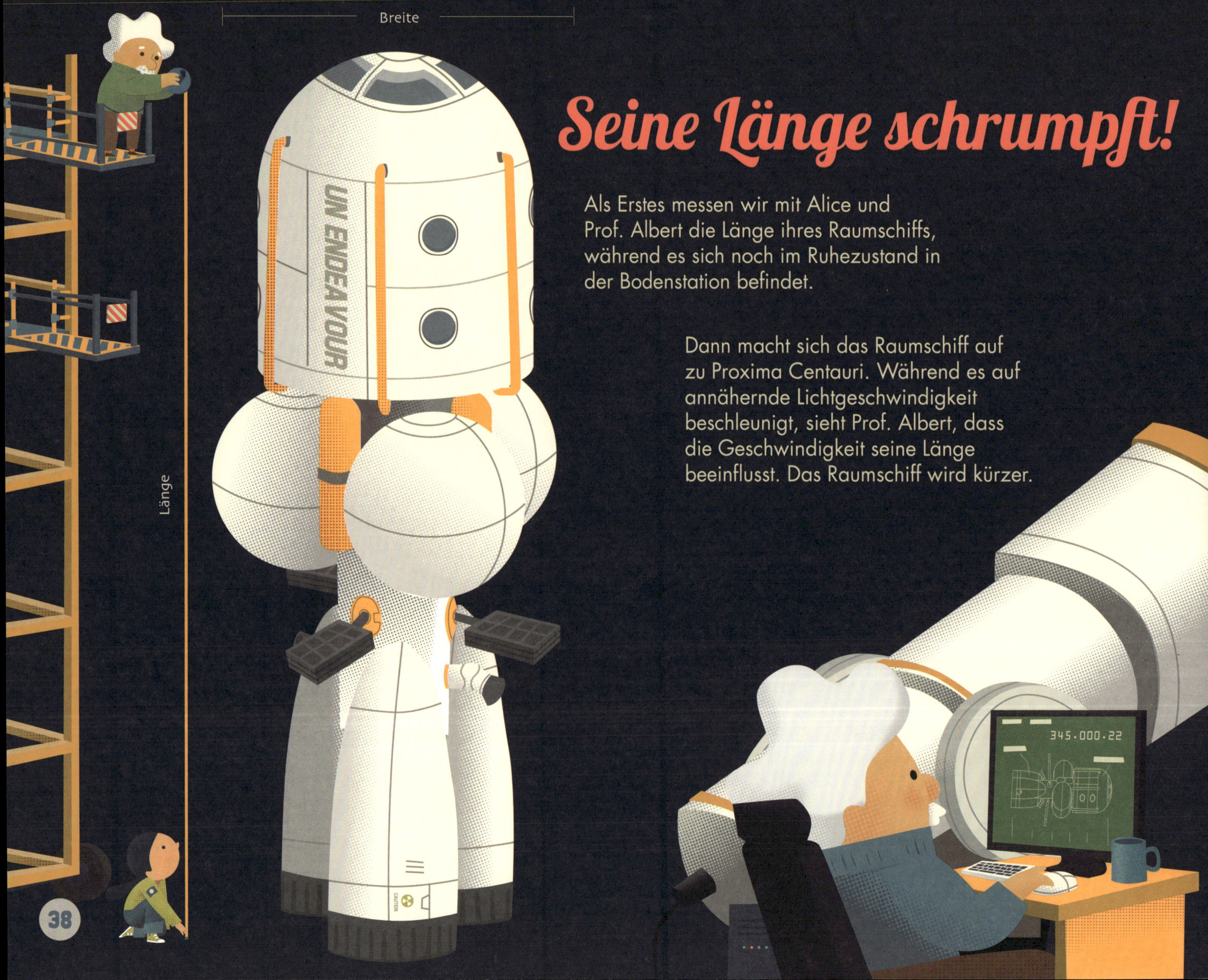

Seine Länge schrumpft!

Als Erstes messen wir mit Alice und Prof. Albert die Länge ihres Raumschiffs, während es sich noch im Ruhezustand in der Bodenstation befindet.

Dann macht sich das Raumschiff auf zu Proxima Centauri. Während es auf annähernde Lichtgeschwindigkeit beschleunigt, sieht Prof. Albert, dass die Geschwindigkeit seine Länge beeinflusst. Das Raumschiff wird kürzer.

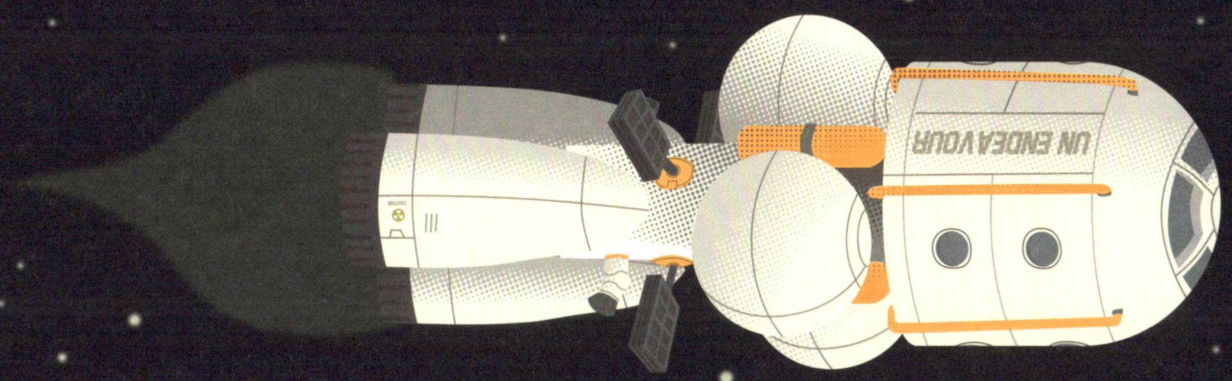

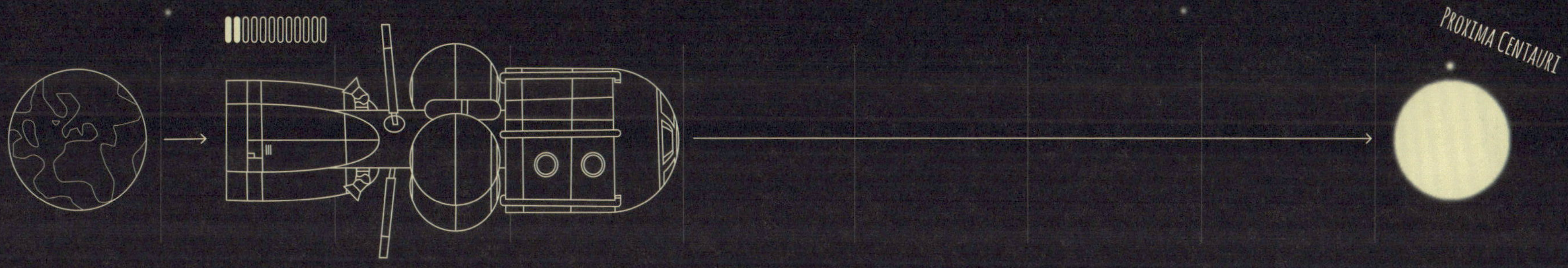

Kurz nach dem Start bewegt sich das Raumschiff noch nicht sehr schnell und seine Länge entspricht in etwa der an der Startrampe gemessenen Länge.

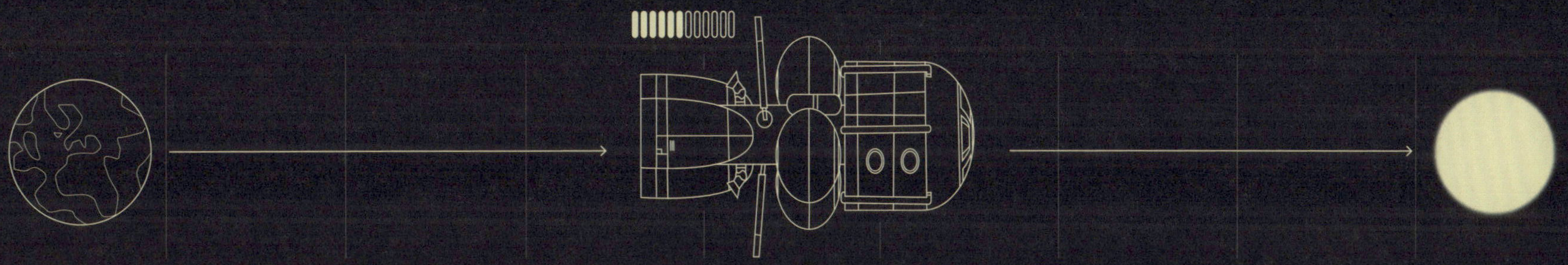

Während das Raumschiff beschleunigt und sich der Lichtgeschwindigkeit annähert, beobachtet Prof. Albert, dass es kürzer wird, obwohl Alice im Raumschiff nichts davon mitbekommt, da sie selbst in den Augen des Professors ja im gleichen Verhältnis schrumpft wie das Raumschiff.

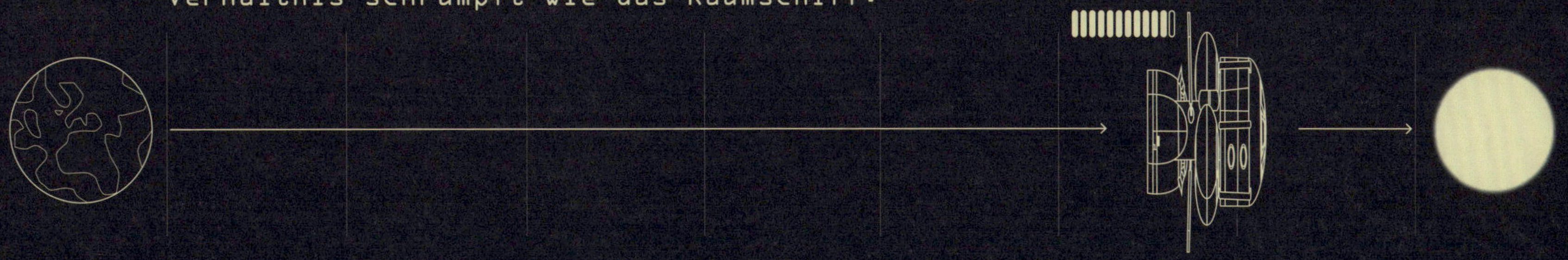

ACHTUNG! Die Länge schrumpft nur in Flugrichtung.
Das Raumschiff wird kürzer, behält dabei jedoch seine Breite bei.

Die Reise des Myons

Es gibt ein Beispiel, mit dem wir Zeitdilatation und Längenkontraktion im realen Leben überprüfen können. Mithilfe eines MYONS.

EIN MYON IST EIN DEM ELEKTRON ÄHNELNDES ELEMENTARTEILCHEN. ALLERDINGS IST ES UNGEFÄHR 200-MAL SO SCHWER.

Myonen entstehen, wenn kosmische Strahlen in den oberen Schichten der Atmosphäre mit Luftmolekülen zusammenstoßen.

KOSMISCHER STRAHL

Sie haben eine sehr kurze Lebensspanne, weil sie schon nach 0,0000022 Sekunden zerfallen.

ATMOSPHÄRE

Während ihres kurzen Daseins können sie bloß 660 Meter zurücklegen, und das mit annähernder Lichtgeschwindigkeit.

10 KILOMETER

Trotzdem können wir sie in Labors auf der Erde nachweisen, 10 Kilometer unterhalb des Ortes ihrer Entstehung.

Wenn sie nur 660 Meter zurücklegen können, wie schaffen sie dann die 10 Kilometer bis zur Erdoberfläche?

Die **RELATIVITÄTSTHEORIE** löst dieses Rätsel.

Aus Sicht der Erde:
Wir sehen das Myon sich sehr, sehr schnell bewegen – fast mit Lichtgeschwindigkeit. Also sehen wir, dass die Zeit des Myons sich verlangsamt, so sehr, dass es 20-mal so lange dauert, bis es zerfällt. Und das hat zur Folge, dass es eine viel größere Strecke zurücklegen kann, lang genug, um die Erdoberfläche zu erreichen, wo wir es nachweisen können.

Aus Sicht des Myons:
Es sieht die Erde auch sehr, sehr schnell auf sich zukommen – fast mit Lichtgeschwindigkeit. Also sieht es, wie Entfernungen schrumpfen (Längenkontraktion) und statt 10 Kilometer ist die Erdoberfläche bloß 500 Meter entfernt, sodass das Myon Zeit genug hat, den Erdboden zu erreichen, bevor es zerfällt.

	VOM **MYON** AUS BETRACHTET	VON DER **ERDE** AUS BETRACHTET
ZEITDILATATION	Seine Lebensdauer beträgt 0,0000022 Sekunden.	Seine Lebensdauer beträgt 0,000044 Sekunden.
LÄNGENKONTRAKTION	Die Entfernung zwischen seinem Entstehungsort und der Erde beträgt etwa 500 Meter.	Die Entfernung zwischen seinem Entstehungsort und der Erde beträgt 10 Kilometer.

Aus Sicht der Erde hat das Myon mehr Zeit für seine Reise, aus seiner eigenen Sicht einen kürzeren Weg. Deshalb können wir es in unseren Labors nachweisen.

JE SCHNELLER, DESTO SCHWERER

Eine weitere erstaunliche Folge der RELATIVITÄTSTHEORIE ist: NIMMT DIE GESCHWINGIGKEIT ZU, TUT DIE MASSE ES AUCH!!!

Wenn wir zu Hause auf die Waage steigen, wiegen wir unsere RUHEMASSE, das heißt, die Masse im Ruhezustand.

Je mehr Masse ein Körper hat, desto mehr Energie ist nötig, um ihn zu bewegen.

Bei Alices Reise durch den Kosmos flog ihr Raumschiff fast mit Lichtgeschwindigkeit.

Von der Erde aus stellen wir fest, dass es immer schwerer wird, das Raumschiff zu beschleunigen, je schneller es fliegt. Anders gesagt, es anzutreiben, braucht mehr Energie, weil die Masse des Raumschiffs zunimmt, je mehr es sich der Lichtgeschwindigkeit annähert.

Bis schließlich ein Punkt erreicht wird, an dem das Raumschiff so viel Masse hat, dass es unmöglich wird, es voranzuschieben.

$E = mc^2$

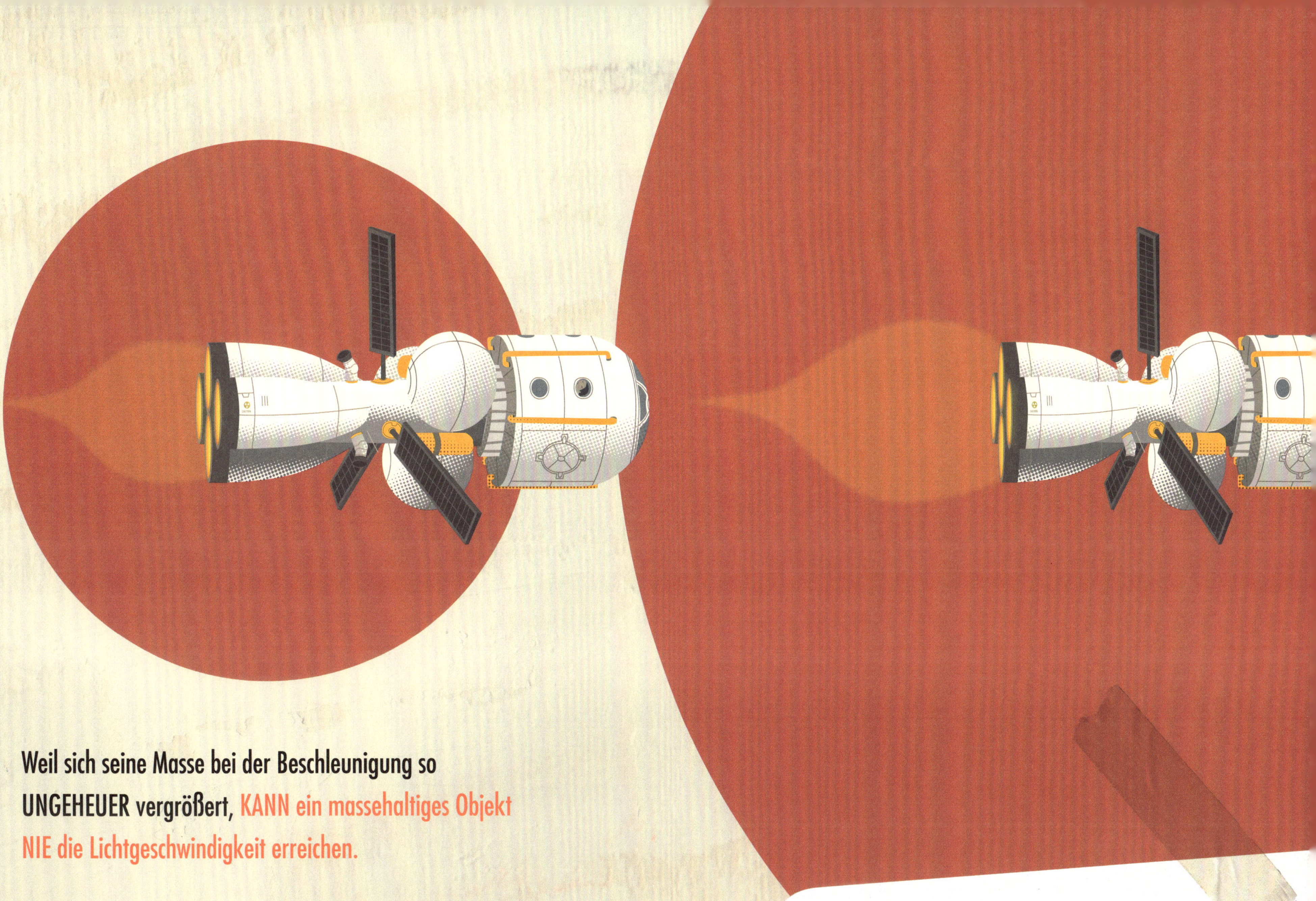

Weil sich seine Masse bei der Beschleunigung so UNGEHEUER vergrößert, KANN ein massehaltiges Objekt NIE die Lichtgeschwindigkeit erreichen.

Wäre es ihm möglich, würde seine Masse UNENDLICH und wir bräuchten für seinen Antrieb mehr Energie, als im gesamten Universum vorhanden ist. Wir bräuchten UNENDLICH viel Energie.

Nicht vergessen: Nichts bewegt sich schneller als das Licht.

PHOTONEN oder Lichtquanten haben eine sehr ungewöhnliche und seltsame Eigenschaft: SIE HABEN KEINE MASSE. Besser gesagt: Wenn sie sich bewegen, dann immer mit Lichtgeschwindigkeit, und sie befinden sich nie im Ruhezustand. Das heißt, dass wir ihre RUHEMASSE nicht ermitteln können.

Licht-Wellenreiten

Dies war eines von Einsteins ersten Gedanken-experimenten.

Mit gerade mal 16 Jahren fragte sich Einstein, was geschehen würde, wenn man auf einem Lichtstrahl reisen würde.

FOTO VON ALBERT EINSTEIN IM ALTER VON 14 JAHREN

Quelle: Wikipedia

Auf einem Lichtstrahl zu surfen, stellte Einstein sich cool und spaßig vor, aber bei einer Sache war er sich nicht sicher: Wie würde wohl ein anderer Lichtstrahl aussehen, der sich in derselben Geschwindigkeit neben ihm bewegen würde?

Zunächst dachte er, dieser würde ihm im Ruhezustand erscheinen, relativ zu ihm bewegungslos, so wie wir ein Auto wahrnehmen, das neben uns in derselben Geschwindigkeit wie wir auf der Autobahn fährt. Aber dann wurde ihm klar, dass das äußerst seltsam wäre. Schließlich hat noch nie jemand einen Lichtstrahl im Ruhezustand gesehen.

Da keiner ihm seine Frage beantworten konnte, hörte er nicht auf, sich den Kopf darüber zu zerbrechen. Er brauchte knapp zehn Jahre, um das Rätsel zu lösen. Trotzdem war er erst 25, als er die Spezielle Relativitätstheorie austüftelte, derzufolge das Licht sich immer gleich schnell bewegt, von wo und wie auch immer wir es betrachten.

Die Lösung des jungen Albert Einstein lautete, dass man einen Lichtstrahl niemals im Ruhezustand zu Gesicht bekommen würde, auch nicht von einem Lichtstrahl aus. Er würde sich immer relativ zu einem selbst mit 299.792 km/s verbreiten, also mit Lichtgeschwindigkeit.

DIE AUSWIRKUNGEN DER RELATIVITÄTSTHEORIE MACHEN SICH NUR BEI SUPERSCHNELLEN GESCHWINDIGKEITEN BEMERKBAR. DESHALB NEHMEN WIR SIE IM ALLTAG NICHT WAHR.

Außerdem können wir uns relativ zu uns selbst nie bewegen, versucht's mal. In Relation zu uns befinden wir uns immer im Ruhezustand, egal ob wir in unserem Wohnzimmer sitzen, in der Bahn oder in einem Flugzeug.

Das heißt, das TICK-TACK eurer Uhr ist immer gleich lang. Mit anderen Worten: Eure eigene Zeit dehnt sich nie.

Und egal ob ihr euch messt oder auf die Waage stellt, könnt ihr euch darauf verlassen, dass ihr nicht länger, kürzer, leichter oder schwerer werdet.*

* Es sei denn, ihr seid in der Zwischenzeit gewachsen.

DENKT DRAN:

Zeit dehnt sich, Längen schrumpfen und Masse nimmt immer bloß dann zu, wenn wir sehen, wie Objekte sich relativ zu uns bewegen. Deswegen hat Einstein seine Theorie RELATIVITÄTSTHEORIE genannt.

Ein mathematisches Universum

Einstein hat offenbar zehn Jahre gebraucht, um die Ideen seiner RELATIVITÄTSTHEORIE wirklich zu erfassen, aber bloß drei Wochen, um die mathematischen Formeln aufs Papier zu bannen, die sie beschreiben.

Hier sind ein paar dieser Gleichungen, damit ihr sehen könnt, wie cool sie sind:

Die Lorentz-Transformationen

$$ct' = \gamma(ct - \beta x)$$
$$x' = \gamma(x - \beta ct)$$
$$y' = y$$
$$z' = z$$

Der Lorentzfaktor

$$\gamma = \frac{1}{\sqrt{1 - \frac{v^2}{c^2}}} \qquad \beta = \frac{v}{c}$$

Masse-Energie-Äquivalenz

$$E = mc^2$$

$$m = m_0 \gamma$$

RUHEMASSE

Eine der berühmtesten Gleichungen der Welt

Photonenenergie

Das ist die Energie eines Lichtteilchens (oder Photons).

$$E = h\nu$$

Lichtgeschwindigkeit:

(in einem Vakuum)

c = 299.792.458 m/s

DANK

Sheddad – Mein Dank gilt meinen beiden „Hausphysikern“ **Carles Muñoz** und **Diego Jurado**, die mit ihren klugen Kommentaren dazu beigetragen haben, das Buch noch besser zu machen, und meinem Freund **Salva Sanchis** für seine Vorstellungen.

Meiner lieben **Helena** ganz herzlichen Dank für die Korrektur und Überarbeitung des Textes und ganz besonders dafür, dass du mir immer zur Seite gestanden hast. Bei **Unai** und **Tarek** bedanke ich mich für unsere Physikdiskurse im Auto, die mir bei dem Buch so sehr geholfen haben. Und, wie immer, auch ein herzliches Dankeschön an dich, **Inma**. Erst ihr verleiht all dem einen Sinn.

Eduard – Tausend Dank allen Menschen, die dieses Buch möglich gemacht haben, vor allem jedoch **Meli**, aber auch **Pere, Lourdes** und **Ariadna** für ihre ständige Unterstützung und ihre grenzenlose Geduld.

Und allen Wissenschaftlern, die nicht aufhören, mit ihrer Arbeit weiter und weiterzumachen, so wie sie es immer schon gemacht haben.